Das Gebet des Herrn

Das Vaterunser ist eines unserer häufigsten Gebete. Es geht auf Jesus selbst zurück. Deshalb ist es uns besonders wertvoll. Wir kennen es auswendig, beten es immer wieder. Es ist uns so geläufig, dass wir es oft ganz gedankenlos sprechen.

Es gibt viele Versuche, das Vaterunser umzuformulieren, in eine modernere, heutigere Sprache umzusetzen. Das liegt mir fern. Jesus hat die einzelnen Bitten kurz und klar formuliert – „unverbesserlich".

Mit meinen Impulstexten versuche ich, den einzelnen Bitten auf den Grund zu gehen und ihr Verständnis zu vertiefen.

Vielleicht hilft Ihnen der eine oder andere Gedanke, das Vaterunser beim nächsten Mal bewusster zu beten.

GISELA BALTES

Abba, lieber Vater

Abba, lieber Vater!
nannte Dich Jesus
voller Ehrfurcht und Liebe.
Dich, das Urbild des Vaters,
Inbegriff der Sehnsucht
nach dem guten, liebevollen Vater,
der Geborgenheit und Freiraum schenkt,
dem großzügigen und gerechten Vater,
der stärkt und fördert, der versteht und verzeiht.

Abba, lieber Vater!
So darf auch ich Dich nennen.
Du gütiger und gerechter Vater!
Du liebevoller und zärtlicher Vater!
Hab Dank, dass Du mir Vater bist.
Hab Dank, dass ich Dein Kind sein darf.

Unser aller Vater

Vater unser!
Nicht nur mein Vater, sondern unser Vater.
Das gefällt mir!
Ich bin nicht allein, kein Einzelkind.
Ich habe Schwestern und Brüder.
Wir sind eine große Familie.

So hast Du das gewollt.
Doch wir haben uns nicht daran gehalten.

Wir alle: Schwestern und Brüder Jesu,
doch längst nicht mehr eine Familie.
Verschiedene Sippen,
die sich auseinander gelebt haben,
lange getrennt, entfremdet, entzweit,
die es längst wieder zueinander drängt.

Die Sehnsucht wächst,
wieder eins miteinander zu sein.

Unser aller Vater!
Hilf uns, die Schranken niederzureißen!
Führe uns wieder zusammen!
Lass uns wieder eins sein in Dir!

Vater Du und Mutter

Wer wagt es, Dich festzulegen
auf Mann oder Frau,
göttliches DU?

DU,
väterlich, mütterlich,
brüderlich, schwesterlich,
Freundin und Freund.

Mütterlich-väterlich spendest Du Leben,
umsorgst uns mütterlich,
beschützt uns väterlich.

Liebevolles, starkes, verlässliches DU!
Verständnisvolles, gütiges DU!
Großzügiges, fürsorgliches DU!

Vater Du und Mutter.
Mutter Du und Vater.

DU!

hung über am Kreuz

J. Vicherd

Wo bist Du, Vater?

Wo ist der Himmel, Vater?
Wo hältst Du Dich verborgen?
Irgendwo weit draußen?
In unvorstellbarer Ferne?
Unerreichbar für uns?

Du lenkst unseren Blick
aus der Ferne in die Nähe,
von weit draußen nach drinnen.
Du bist in uns und um uns,
mitten unter uns.
Verborgen und doch zu erkennen
in unserer Welt.

Erreichbar, erfahrbar, wo wir
als Schwestern und Brüder
Deine Liebe sichtbar machen,
wo wir einander gut sind,
Not lindern und den Frieden suchen,
wo wir uns einsetzen
für Freiheit und Gerechtigkeit.

Da bist Du. Da ist der Himmel.
Ganz in unserer Nähe.

Hundert Namen oder mehr

Du hast hundert Namen oder mehr,
wirst erfahren auf unzähligen Wegen,
angebetet mit unzähligen Stimmen,
angerufen in unzähligen Situationen,
verehrt in hundert Religionen oder mehr.

Unergründlich bist Du, unser Gott,
dessen Name auf so vielfältige Weise
in vielen Sprachen, in vielen Völkern
von Menschen verehrt wird.

Das ruft uns auf zu Offenheit und Respekt
gegenüber Menschen und Religionen,
die Dich anders nennen als wir.
Das ruft uns auf zu der Bereitschaft,
aufeinander zu hören und voneinander zu lernen
und in anderen Religionen und Gottsuchenden
das allen Menschen zugesprochene Heil
zu erkennen und zu respektieren.

Du hast hundert Namen oder mehr.
Einige Deiner Namen hast Du uns anvertraut,
um uns Deine Wahrheit zu offenbaren.
Lass uns diesen Schatz hüten und heilig halten!

Dein Reich in unserer Welt

Dein Reich
kommt nicht als gewaltsame Machtübernahme,
breitet sich nicht unter brausendem Orgelklang
flächendeckend urbi et orbi aus.
Es wächst von unten – still im Verborgenen.

Dein Reich
kennt weder Titel noch Hierarchien.
Niemand herrscht über den anderen.
Als Deine Söhne und Töchter tragen wir alle
die gleiche Verantwortung und Würde.

Dein Reich
braucht keine dicken Gesetzbücher,
keine Lehrsätze und Definitionen.
Es kommt mit nur einem Gebot aus:
Liebe!

Dein Reich
finden wir überall dort,
wo Dein Gebot der Liebe befolgt wird.
Nur wenn wir lieben, kommt Dein Reich
hier an unseren Platz in der Welt.

Wie kannst du das zulassen?

So viel Leid in der Welt!
Katastrophen, Krankheiten, Tod.
Das kannst Du nicht wollen, Gott!
Wie kannst Du das zulassen?

ICH will, dass du glücklich wirst, Mensch,
doch nicht in einem goldenen Käfig,
nicht in sklavischer Unmündigkeit.
Deshalb gab ICH dir deinen freien Willen,
gab dir Verantwortung für dein Leben,
Verantwortung für die Welt.
Deshalb machte ICH dich zu meinem Partner,
zum Partner meines Heilsplanes für die Welt.

Und doch so viel Not in der Welt!
Hass und Krieg und Zerstörung.
Das kannst du nicht wollen, Mensch!
Wie kannst du das zulassen?

Gott, hilf mir, ein guter Partner für Dich zu sein.
Hilf mir, Deine Pläne zu meinen zu machen,
mich mit aller Kraft für sie einzusetzen.
Du willst das Heil für die Welt.
Lass Deinen Willen Wirklichkeit werden!

Gib uns täglich unser Leben

Als Schwestern und Brüder
bitten wir Dich, unseren Vater:
Gib uns unser tägliches Brot!
Gib uns, was wir zum Leben brauchen!

Gib uns alles, was nottut,
um menschenwürdig zu leben:
Essen und Trinken,
Freude und Glück,
Frieden und Freiheit,
Gerechtigkeit und Liebe.

Gib uns Güte und die Bereitschaft,
zu teilen, was Du uns gibst,
damit jeder hat, was er braucht,
damit Dein Reich der Liebe wachse.

Unser tägliches Brot

Unser tägliches Brot gib uns heute!
Wie leicht geht mir das von den Lippen.
Ich habe ja, was ich zum Leben brauche.
Sogar mehr! Dir sei Dank!
Ich habe es heute und morgen.
Und es sieht nicht so aus,
als würde sich bald daran etwas ändern.

Unser tägliches Brot gib uns heute!,
sage ich und denke dabei:
mein tägliches Brot, mein tägliches Leben,
mein Wohlergehen.

Unser tägliches Brot gib uns heute!
Ja, es gibt auch die anderen,
die nichts haben, die Hunger und Not leiden,
die um mich herum leben oder weit in der Ferne.
Ich bitte Dich, Gott, auch denen zu geben,
was sie zum Leben brauchen:
Ihr tägliches Brot gib ihnen heute!

Doch Du hast längst genug gegeben.
Wenn wir nur nicht vergessen hätten,
wie man gerecht teilt.

Vergib uns, wie auch wir vergeben

Leid, das uns zugefügt wurde,
erscheint manchmal zu groß,
um vergeben zu werden.
Gefühle der Rache stellen sich ein,
fordern Vergeltung.

Dann erinnere Du uns
an die dunklen Seiten in jedem von uns,
an die Brüche in unserem Leben,
an unsere Fehler, an unsere Schuld.

Erinnere uns an all das,
was DU uns verzeihst,
nicht nach dem Maß der Gerechtigkeit,
sondern dem Maß der Liebe.

Lass uns erfahren:
Vergebung mag schwer sein.
Doch sie ist auch befreiend.
Nicht nur für den,
der Vergebung erlangt,
sondern genauso für den,
der vergibt.

Du kennst unsere Schwachheit

Auf dem Prüfstand:
unser Glaube, unser Vertrauen, unser Mut,
unsere Ehrlichkeit, unsere Standhaftigkeit,
unsere Friedfertigkeit, unsere Liebe.

Werden wir
uns in der Erprobung bewähren,
den Anfechtungen standhalten,
den Versuchungen widerstehen?
Werden wir erkennen, was richtig ist,
was uns weiterbringt unserem Ziel entgegen?

Gott, unser guter Vater,
Du hast jedes Recht
und die Möglichkeit, uns zu prüfen.
Doch Du kennst unsere Schwachheit.

Lege uns keine Lasten auf,
unter denen wir zusammenbrechen,
keine Versuchungen,
denen wir nicht standhalten können.

Stärke uns im Kampf gegen alles,
was uns von Dir trennt!

Die Dunkelheiten in uns und um uns

Wir fürchten das Böse in unserer Welt:
Unrecht, Verbrechen,
Krieg, Gewalt, Unterdrückung.

Wir fürchten das Böse in uns,
unsere dunklen Seiten,
Hass, Süchte, Begierden,
die uns ergreifen,
unseren Geist krank machen,
die schrecklichen Handlungen,
zu denen wir fähig sind.

Du kannst uns helfen, Du, unser Vater!
Löse uns aus den Unrechtstrukturen,
in die wir uns verstrickt haben.
Erlöse uns von allem Bösen
in uns und um uns.

Erlöse uns zu dem Vertrauen,
mit Deiner Hilfe unsere Dunkelheiten
überwinden zu können
durch das Gute in uns,
dessen Ursprung Du bist!

Dir sei Lob, Dank und Ehre

In Deinem Reich,
auf Liebe und Frieden gegründet,
überlassen wir uns Deiner Führung.
Du bist in unserer Mitte.
Du trägst und erhältst uns.
In Dir finden wir Ruhe.
Lob, Dank und Ehre sei Dir dafür.

So viele Kräfte sind heute am Werk
im Kampf um Ansehen, Reichtum, Macht.
Wer wird ihnen Einhalt gebieten?
Wer wird den Ohnmächtigen
zu ihrem Recht verhelfen?
Wer, wenn nicht Deine Kraft!
Lob, Dank und Ehre sei Dir dafür.

Die Herrlichkeit Deiner Hoheit und Würde
braucht weder Glanz noch Pracht.
Sie spiegelt sich im Wunder unseres Daseins
und in den Wundern Deiner Schöpfung,
die uns umgeben.
Lob, Dank und Ehre sei Dir dafür.